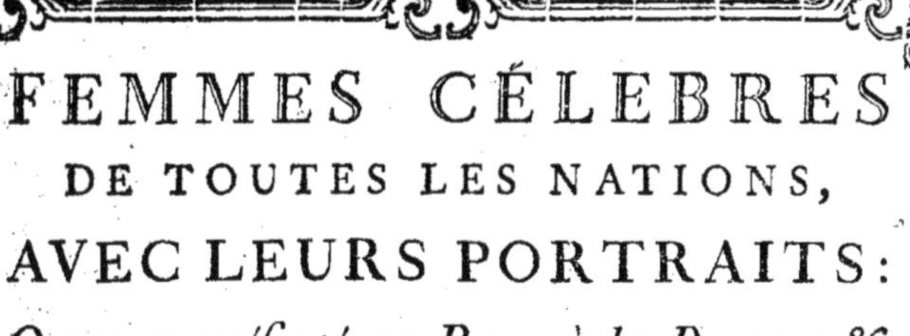

FEMMES CÉLEBRES DE TOUTES LES NATIONS, AVEC LEURS PORTRAITS:

Ouvrage présenté au ROI, *à la* REINE & *à la Famille Royale.*

> Non! Promethée aux Cieux n'a pas ravi la flame,
> Sans doute il la puisa dans les yeux d'une Femme.

XVI LIVRAISON.

Prix 3 livres, & 4 liv. colorié pour MM. les Souscripteurs ;
(& 4 liv. & 5 liv. par Numéro *sans souscrire.)*

A PARIS,

Chez M. TERNISIEN D'HAUDRICOURT, Auteur de cet Ouvrage, rue ~~Saint-Honoré, vis-à-vis celle de Grenelle.~~ Feydeau N° 19.
Et GATTEY, Libraire, au Palais-Royal, N°. 14.

M. DCC. LXXXVIII.

Avec Approbation & Privilége du Roi.

GALERIE UNIVERSELLE.

AGRIPPINE, SECONDE FEMME DE CLAUDE.

Il n'y a point d'Impératrice qui ait fait plus de bruit qu'Agrippine. Tout fut grand en elle, ſa naiſſance, ſa beauté, ſes défauts, ſes bonnes qualités, ſes malheurs. Elle étoit fille de Germanicus, l'amour & les délices du peuple Romain, & d'Agrippine, petite-fille d'Auguſte, laquelle en accoucha dans une ville des Ubiens, qu'on nomma depuis,

A

Colonie d'Agrippine, & aujourd'hui Cologne, & l'on remarqua dans la ſuite que cette Princeſſe avoit une double dent du côté droit, ce que Pline regarde comme l'heureux préſage d'une grande fortune.

Agrippine avoit reçu de la nature tous les avantages du corps & de l'eſprit, qui pouvoient la rendre une Princeſſe accomplie, ſi elle ne les eut dégradés par les uſages honteux qu'elle en fit. Sa beauté ne cédoit à nulle autre de Rome. Elle avoit l'air grand, des manières nobles, un eſprit vif, remuant, capable des plus grandes choſes, & elle en fit voir le feu & la délicateſſe dans les curieux Mémoires qu'elle compoſa ſur ſes propres avantures, & qui ne ſervirent pas peu à l'Hiſtorien Tacite, pour écrire ſes Annales. Mais auſſi elle avoit une avarice inſatiable, une jalouſie capable de la vengeance la plus barbare, & ſur-tout une ambition démeſurée, qui fut la principale, & peut-être l'unique cauſe de ſes crimes & de ſes malheurs. Fille, ſœur, nièce, épouſe & mère de Céſars ou d'Empereurs, elle apporta dès ſa naiſſance, un deſir violent de régner, auquel elle ne ſçut jamais donner aucun frein. Ce deſir fut en elle un vice d'origine qui corrompit toutes ſes actions, & qui eut une malheureuſe fécondité en toute ſorte de crimes.

Agrippine paſſa ſa jeuneſſe chez Antonie, ſa grande-mère, dont la conduite irréprochable pouvoit lui ſervir de modèle de vertu ; mais cette Princeſſe, qui élevoit avec ſes enfans, ceux de ſon fils Germanicus, eut beau leur donner des leçons de ſageſſe, & leur inſpirer des ſentimens d'honneur, ſon travail fut ingrat ; elle eut le chagrin de voir ſes petites-filles coupables des crimes les plus infâmes, dans un âge où il ſembloit que leur cœur ne pouvoit encore être capable d'aucune paſſion. Le vice prévint preſque leur raiſon, & ce fut d'un inceſte horrible avec Caligula leur frère, qu'elles ſouillèrent leur plus tendre jeuneſſe : tant il eſt vrai que la modeſtie, la ſageſſe, la continence ne ſuivent pas toujours le ſang & la bonne éducation, & que ce ſont ſouvent des vertus de tempérament, plutôt que des vertus de race.

Agrippine étoit fort jeune, lorſque ſa mère apporta à Rome les cendres de Germanicus. Un objet ſi lugubre & ſi touchant rouvrit la plaie que la mort de ce Prince avoit fait dans le cœur des Romains, & il ne contribua pas peu à augmenter l'inclination qu'ils avoient & qu'ils conservèrent toujours pour ceux de son sang. Tibère, tout jaloux qu'il étoit du mérite de ce grand homme, de la mort duquel il n'étoit point innocent, affecta une fausse douleur. Il fit semblant de regretter Germanicus ; & comme s'il eût voulu se charger de la fortune de ses enfans, il prit auprès de soi Caius Caligula, & dès qu'Agrippine fut en âge d'être mariée, il lui donna pour époux Domitius Ænobarbus.

Ce Romain, outre l'éclat d'une Noblesse qui étoit fort ancienne, avoit l'honneur d'être allié à la Maison de César, & c'étoit là tout son mérite ; car à cela près, le soleil n'a jamais éclairé un plus méchant homme. Fourbe jusqu'à la perfidie, cruel, barbare, brutal, souillé de meurtres, d'adultères, même d'un inceste horrible avec Lépida, sa sœur, chargé enfin de toute sorte de crimes, il avoua lui-même que de son mariage avec Agrippine il ne pouvoit naître rien que de pernicieux à la République ; &, en effet, l'on ne devoit attendre rien de bon d'un homme si détestable, & d'une femme qui datoit son libertinage presque de son berceau.

Cette prédiction ne fut que trop malheureusement vérifiée par la naissance de Néron, qui vint au monde, les pieds les premiers, à Antium, & qui fut le plus cruel fléau qui pouvoit affliger l'Empire. On délibéra long-temps ſur le nom qu'on lui donneroit ; & Agrippine ayant prié Caligula, qui régnoit alors, de lui en donner un, cet Empereur lui impoſa, par dériſion, celui de Claude, parce que le Prince qui portoit ce nom, étoit dans ce temps là, le jouet de la Cour ; ce qui piqua ſenſiblement Agrippine, qui lui fit porter celui de ſon père, & l'appella Domitius.

Agrippine étant entrée dans le commerce du monde par un inceſte, ne promettoit point une vie fort chaſte ; auſſi ne démentit-elle pas la mauvaiſe opinion qu'on avoit conçu d'elle ; car elle vécut avec ſon frère Caius, dans une familiarité infâme. Tigellin fut banni, pour avoir violé ſon honneur, & Lepidus, couſin-germain de cette Princeſſe, & ſon beau-frère, ſelon Dion, fut puni de mort, pour avoir reçu d'elle des faveurs criminelles.

Lepidus ne méritoit point, ſans doute, une moindre punition. Tant de liens, qui l'attachoient à Agrippine, devoient lui inſpirer des ſentimens plus honnêtes ; mais ce crime, au reſte, ne fut pas ce qui le rendit coupable aux yeux de Caligula ; &

cet Empereur, en lui faiſant ôter la vie, chercha à punir en lui l'ambition, plutôt que la débauche: car Lepidus vouloit ſe ſervir d'Agrippine, pour monter ſur le trône, & Agrippine vouloit s'attacher Lepidus dans la même vue. Ce deſſein coûta cher à ceux qui l'avoient formé. Lepidus eut la tête tranchée; & Agrippine eut la confuſion de ſe voir chargée de l'urne où étoient les cendres de ſon amant, qu'on lui fit porter par punition, ſur ſes épaules, du lieu du ſupplice juſqu'à Rome, afin de joindre l'ignominie à la peine. Ce ne fut point la ſeule mortification qu'elle eut à ſouffrir. Caius, dégoûté d'elle & de ſes autres ſœurs, fit contre elles une invective ſanglante; il leur reprocha les crimes les plus honteux, il rendit publiques des lettres qui regardoient leurs intrigues, & qui apprenoient à toute la ville le ſecret de leurs déréglemens, & les bannit dans l'iſle Pontia, après avoir conſacré à Jupiter, le vengeur, trois poignards qu'il prétendoit qu'on avoit préparé pour le tuer.

La mort de Caligula fut la fin de l'exil d'Agrippine. Claude, ſon oncle, la rappella auſſi bien que ſes ſœurs, & lui rendit tout le bien que Domitius Ænobarbus, qui étoit mort, lui avoit donné, &

dont Caligula s'étoit emparé. Au reste, la honte de l'exil n'étouffa point en elle la passion de régner, dont elle étoit possédée, & qui avoit été la principale cause de son bannissement ; les délices, & la pompe de la Cour l'embrasèrent au contraire de nouveaux desirs. Elle devint la proie de l'ambition la plus dévorante, & cette furieuse passion éteignant dans son cœur tout sentiment d'honneur, elle se mit en tête d'employer toute sorte de moyens pour avancer sa fortune. Le premier qu'elle tenta ne fut pas peu criminel, car elle conçut le dessein d'inspirer de l'amour à l'Empereur, son oncle. Dans cette vue elle mit en œuvre tous les attraits de sa beauté, & ils devinrent d'autant plus dangereux pour ce foible Prince, qu'Agrippine les fortifia par des affecteries artificieuses & engageantes, & par des complaisances capables de rendre sensible le cœur le plus indifférent. Claude ne pénétroit point dans les secrettes intentions d'Agrippine ; il étoit trop stupide pour comprendre que des caresses si peu chastes marquoient quelque profond dessein. Ce ne fut pas néanmoins la seule route qu'Agrippine tint pour s'élever. Sa politique lui fit prendre encore d'autres mesures : car appréhendant de ne pouvoir point elle ſeule en venir à bout, elle chercha un époux qui voulût ſeconder ſes vues, & qui eût aſſez d'ambition & de courage pour ſe ſaiſir de l'Empire, au cas que Claude vînt à mourir. Galba lui parut très-propre pour cela, parce que ſa naiſſance illuſtre, ſes grands emplois & ſon crédit puiſſant le rendoient conſidérable à la Cour & dans l'Empire; mais ce Romain n'ayant répondu que par une grande indifférence, aux empreſſemens paſſionnés d'Agrippine, comme nous le dirons bientôt, cette Princeſſe tourna ſes vues ailleurs. Criſpus Paſſienus fut l'objet qui l'arrêta. Il n'avoit ni la nobleſſe, ni le pouvoir de Galba; mais en récompenſe, il étoit extrêmement riche, & Agrippine s'imagina que les biens de ce Romain lui ſeroient d'un grand ſecours; car, de tout temps, les richeſſes l'ont été dans toute ſorte d'affaires. Elle l'épouſa donc; mais elle eut le ſecret de s'en défaire, dès qu'elle ſe fut aſſurée de ſon héritage. Il vint fort à propos au ſecours de ſon ambition, par le moyen qu'il lui donna, de faire éclater ſon luxe, & de paroître par-tout avec diſtinction, ce qu'elle n'avoit point été juſqu'alors en état de faire, parce que ſon premier mari Ænobarbus n'avoit fait ſon fils héritier que de la troiſième partie de ſes biens, qui d'ailleurs d'ailleurs n'étoient point considérables. Ses dépenses la mirent en crédit à la Cour ; mais aussi elles allarmèrent l'Impératrice Messaline, & il étoit assez dangereux de lui donner de l'ombrage. Agrippine qui avoit trop d'esprit pour ne pas comprendre à quoi elle s'exposoit, aima mieux se contraindre, que de hasarder sa vie ; elle affecta, dès ce moment, une grande retenue, & beaucoup de circonspection, quand elle étoit chez l'Empereur, & qu'elle avoit des témoins, réservant pour le particulier & le tête-à-tête, ses cajoleries & ses caresses, qui n'étoient presque jamais exemptes de crime.

Ce ne fut pas pour Claude seul qu'elle en fut prodigue. Elle accorde aveuglement ses faveurs à tous ceux dont elle crut pouvoir se servir avec succès, lorsque l'occasion s'en présenteroit. Elle ne fut pas long-temps à s'offrir, & Agrippine retira bientôt le fruit de ses crimes. Messaline ayant été mise à mort, Pallas, Calliste, & Narcisse, songèrent à donner une épouse à Claude, & chacun d'eux vouloit avoir la gloire de lui en faire prendre une de sa main. Ces trois Affranchis s'étoient si bien emparés de l'esprit de cet Empereur, que leur volonté devint la règle de la sienne, & Claude n'auroit osé ne pas vouloir ce que vouloient ſes inſolens Miniſtres. Revêtus de la Puiſſance du Prince, ils faiſoient tout à leur gré, ſans reſpecter ni l'autorité des Loix, ni celle du Souverain, qui ſe livroit aveuglément à eux pour toute ſorte d'affaires, eux-mêmes étant bien aiſes de l'entretenir dans cette inapplication, pour en avoir la direction. Pallas avoit l'Intendance de ſes Finances, Narciſſe étoit ſon Secrétaire, & Calliſte répondoit les Requêtes qu'on lui préſentoit. Dans ces trois poſtes importans, ils devinrent le fléau de tout l'Empire; car comme ils s'y étoient élevés par mille baſſeſſes, ils les rempliſſoient avec inſolence. C'étoit à eux que l'on portoit avec empreſſement, les hommages qu'on n'avoit rendus qu'à regret, au premier des Céſars. C'étoit à eux que tout ce qu'il y avoit de plus apparent dans le Sénat & dans tous les Ordres de la Ville faiſoit ſervilement la cour pour mettre en sûreté leurs biens & leurs vies, car ils étoient devenus les arbitres de la fortune de tout le monde. Les enfans ne jouiſſoient de l'héritage de leurs pères, que ſous leur bon plaiſir. Les Provinces gémiſſoient ſous le faix des impôts dont ils les chargoient, & dont il ne revenoit au Prince que la plus petite partie. Leurs maiſons regorgeoient des biens qu'ils avoient acquis par mille violences, & par mille rapines; enfin, ils ſçurent ſi bien s'engraiſſer de la ſubſtance d'autrui, qu'ils furent tous trois plus riches que n'avoit été Craſſus.

Après que Narciſſe & Calliſte eurent propoſé à Claude, l'un Petine, & l'autre Lollie, Pallas parla pour Agrippine. Nous avons vu les raiſons qu'il allégua en ſa faveur; elles déterminèrent Claude à préférer celle-ci à toutes les autres; il n'y eut d'autre obſtacle à lever que leur parenté; car juſqu'alors, c'étoit une choſe ſans exemple parmi les Romains, qu'un oncle eût épouſé ſa nièce. On regardoit une pareille alliance comme un crime, qui ne pouvoit apporter que de grands malheurs à l'Empire; & un mariage de cette nature n'auroit jamais été goûté, ſi Vitellius, l'ame du monde la plus ſervile, ne l'eût fait approuver par un de ſes tours ordinaires.

Ce Courtiſan flatteur, trouvant Claude fort irréſolu ſur la concluſion de ſon mariage avec Agrippine, à cauſe de leur parenté, il lui repréſenta que c'étoit un ſcrupule mal fondé; que toutes les Loix qui étoient faites pour les particuliers, n'étoient pas faites pour les Souverains, & qu'il n'étoit point nouveau que, pour des raiſons d'Etat, on paſſât par-deſſus les règles ordinaires ; qu'en tout cas, puiſqu'il faiſoit difficulté d'épouſer une nièce, il devoit s'en rapporter au jugement du Sénat, légitime interprête des Loix, parce que ſa déciſion ne lui laiſſeroit plus de remord, ſuppoſé qu'elle fût favorable au mariage propoſé. Claude y donna les mains, & s'en remit au jugement du Sénat.

Il fut bientôt aſſemblé ; Vitellius s'y rendit, & après avoir exagéré la néceſſité où l'Empereur étoit de ſe remarier, afin que, ſoulagé par une épouſe, dans ſes affaires domeſtiques, il pût donner un ſoin plus appliqué à celles de l'Empire, il ajouta qu'il ne voyoit point qu'il y eût un moment à délibérer ſur le choix de celle qu'on devoit lui donner, puiſqu'Agrippine étoit la ſeule qu'on pouvoit raiſonnablement lui propoſer, à cauſe des grandes qualités qu'il falloit à celle qui devoit être l'épouſe de Céſar, & qu'on ne trouvoit que dans cette Princeſſe. Qu'au reſte, leur parenté ne devoit faire aucun obſtacle à ce mariage, d'ailleurs ſi néceſſaire, parce que la rigueur des Loix devoit céder aux beſoins de la République ; qu'après tout, il falloit ſe conformer à l'uſage obſervé par toutes les autres Nations. Que ce ne ſeroit point le premier adouciſſement qu'on avoit apporté aux Loix, puisque les mariages des cousins-germains, qui, pendant long-temps, avoient été défendus, étoient, dans la suite, devenus fort fréquens.

Le Sénat rendit un décret conforme à l'avis de Vitellius, & à l'inclination d'Agrippine. Elle devint l'épouse de Claude ; &, par ce mariage, elle se vit sur le trône de l'Empire : poste qu'elle avoit prévenu depuis long-temps, par ses desirs. Elle signala le commencement de son règne par une action qui fut agréable à tous les Ordres de la Ville. Elle rappela le Philosophe Senèque de l'exil où Claude l'avoit envoyé, pour un crime qui ne répondoit point à la gravité de sa Profession, & le choisit pour être le Précepteur du jeune Domitius. Ce choix fut du goût de tout le monde. Senèque étoit estimé dans Rome, & l'on croyoit que le jeune Prince, formé par un si habile maître, n'auroit que des sentimens d'honneur & de modération.

L'élévation d'Agrippine lui acquit une autorité absolue. Elle ne songea plus qu'aux moyens de s'y maintenir ; mais tous ceux qu'elle prit furent ou violens, ou honteux. Elle tint, dans une dépendance dure & servile, ceux qui n'étoient considérables, ni par leur crédit, ni par leurs emplois. Elle persécuta ceux dont elle croyoit avoir quelque chofe à craindre, & qu'elle ne pouvoit point faire entrer dans fes intérêts. Elle s'attacha par les plus criminelles faveurs, ceux, qui ayant quelque autorité ou quelque pouvoir à la Cour, pouvoient traverfer fes vaftes projets. Ceux qui avoient affez de fermeté pour ne pas craindre fes menaces, n'avoient pas affez de vertu pour réfifter à fes attraits; & ainfi, fa beauté & fa puiffance lui firent un nombre infini de partifans.

Cela ne fervit qu'à la rendre plus fière. L'Empereur, après être devenu fon époux, devint fon efclave. Maîtreffe abfolue de ce foible Prince, elle faifoit tout, elle régloit tout, elle difpofoit de tout. Si elle avoit des graces à accorder, elle n'avoit égard ni à la naiffance, ni au mérite, mais à l'attachement que l'on avoit à fa perfonne. De là vint qu'on vit paroître, tout d'un coup, fur le théâtre de la fortune, des hommes nouveaux qui ne s'étoient fait jour à travers l'obfcurité de leur naiffance, que par quelque crime fignalé, qui leur avoit procuré la faveur d'Agrippine. La vertu refta fans éclat, parce qu'on la laiffa fans récompenfe. On mit dans le Sénat des gens fans honneur, fans nobleffe, fans mérite; dans le temps qu'on voyoit languir, dans la misère & le mépris, le ſang de ces fameux Sénateurs qui avoient fait l'ornement de Rome. Les plus éclatantes dignités de l'Empire furent déshonorées par la honte de ceux qu'on y éleva. D'indignes Affranchis furent élevés aux plus belles charges, & revêtus de ces glorieux ornemens, qui n'étoient autrefois accordés que pour honorer la vertu. La carrière de l'honneur devint un chemin déſert. Ce n'étoit plus par des ſervices rendus à la République qu'on agrandiſſoit ſa fortune, & qu'on montoit aux emplois ; ce n'étoit plus par des Provinces conquiſes, par des batailles gagnées, & par de ſemblables exploits que, dans ces malheureux règnes, l'on parvenoit à la Préture, à la Cenſure, au Conſulat ; les crimes les plus noirs, étoient les degrés par où l'on montoit à ces dignités. On ne les obtenoit que par la trahiſon, la calomnie, le meurtre, la foi violée.

Ce qu'il y avoit encore de déplorable, c'eſt que comme le Sénat n'étant plus compoſé que de gens qui avoient l'inclination ſervile, il approuvoit par de honteux décrets, tout ce que faiſoient les Empereurs, ou plutôt les Affranchis ſous leur nom ; & l'Arrêt que nous verrons, qu'on donna en faveur de Pallas, suffira pour faire comprendre à quelle misérable servitude étoit réduit ce Corps, autrefois si redouté, qui n'avoit pu souffrir la domination du premier des Césars, & qui plioit si honteusement sous la puissance d'une femme, & des plus infâmes excrémens de l'Empire.

C'est ainsi que Rome, après avoir gémi sous la tirannique domination de l'impudique Messaline, tomba sous celle d'Agrippine, laquelle n'étoit ni moins cruelle, ni moins avare, ni peut-être guères moins impudique. Il est vrai qu'il y avoit cette différence entre ces deux Impératrices, que Messaline déshonoroit l'Empire par des prostitutions auxquelles elle s'abandonnoit, entraînée par un penchant invincible qu'elle avoit au libertinage; au lieu qu'Agrippine ne commettoit des crimes, qu'autant qu'ils pouvoient lui être utiles. Messaline faisoit trophée de ses débauches: & Agrippine, au contraire, couvroit ses impudicités sous le voile d'un extérieur honnête & régulier: en un mot, Messaline étoit une débauchée de tempérament, & Agrippine étoit une impudique de politique, ne se livrant qu'à ceux qui pouvoient servir à son ambition, & avancer la fortune de son fils; car ce fut là le grand projet qui donna

donna tant d'exercice à ſon eſprit, & pour le ſuccès duquel elle prit tant de ſoins, quoiqu'elle fût avertie qu'ils ſeroient payés d'une ingratitude horrible : car cette Princeſſe ayant un jour conſulté un Caldéen ſur la deſtinée de ſon fils, ce Devin lui répondit qu'il ſeroit Empereur ; mais qu'il la feroit mourir. Ce qu'il y avoit de ſiniſtre dans cette prédiction contrebalançoit, ſans doute, ce qu'il y avoit de flatteur, & Agrippine n'avoit pas trop ſujet d'en être contente ; cependant ſon ambition détourna ſon eſprit de ce qu'il y avoit de chagrinant pour ne lui laiſſer enviſager que ce qui contentoit ſa vanité ; &, dans les tranſports d'une joie peu réglée, elle s'écria : Que mon fils me tue, pourvu qu'il règne.

Loſqu'Agrippine crut que ſon autorité étoit aſſez affermie, elle s'appliqua à ſatisfaire ſa vengeance. Lollie Pauline fut la première victime qu'elle lui ſacrifia : & nous avons vu ailleurs, que la jalouſie de cette Impératrice, ne s'appaiſa que par le ſang de ſa rivale. Calpurnie, Dame illuſtre par ſa nobleſſe, paya de ſa vie, les éloges que Claude donna un jour, par haſard, à ſa beauté ; & toutes celles en qui Agrippine craignit de trouver quelque prétendante à l'amitié du Prince, devinrent l'objet de ſa haine & de ſes perſécutions.

Son avarice lui fit auſſi commettre beaucoup de cruautés. Elle ſuſcita des accuſateurs à ceux dont elle ne pouvoit avoir les biens par flatterie. Quelque innocens qu'on fût, on étoit aſſez criminel ſi l'on étoit riche, & l'on ne pouvoit ſauver ſa vie, qu'en abandonnant ſes poſſeſſions à la cupidité d'Agrippine. Statilius Taurus, pour n'avoir pas voulu faire un pareil ſacrifice, eut dans cette Impératrice, une ennemie implacable. Ce Romain étoit fils de ce Taurus, qui fut honoré de deux Conſulats, & qui fit éclater ſa magnificence dans ce ſuperbe Amphithéâtre, qu'il fit bâtir avec beaucoup de dépenſe ſous l'Empire d'Auguſte. Il avoit des jardins qui paſſoient pour les plus beaux de Rome, & il en prenoit un ſoin très-particulier. Agrippine en faiſoit depuis long-temps l'objet de ſes avides deſirs ; mais ne voyant point de voie légitime pour s'en rendre maîtreſſe, elle employa l'oppreſſion & la calomnie, qui étoient ſa reſſource ordinaire.

La Cour étoit remplie de ces ames vénales auxquelles les crimes les plus noirs ne coûtoient rien, quand ils ſervoient de moyen pour faire fortune, &

pour avoir la protection des Grands. Auſſi Agrippine n'eut pas à chercher long temps un homme qui ſe prêtat à ſes injuſtes deſſeins, Tarquitius Priſcus la tira bientôt de peine. Ce lâche Officier avoit été Lieutenant de Taurus, lorſque celui-ci gouvernoit l'Afrique avec le titre de Proconſul ; & quoiqu'il eût été témoin de la conſidération & de l'intégrité avec laquelle Taurus s'étoit comporté dans ſon gouvernement, il ne laiſſa pas de ſe rendre dénonciateur contre lui, & de l'accuſer de concuſſion, & même de magie.

Taurus, qui ſe ſentoit exempt de toute ſorte de crimes, fut ſi étonné, d'avoir pour accuſateur celui qui auroit pu lui ſeul juſtifier ſon innocence, ſi elle avoit été attaquée par quelque autre, que ne pouvant ſe conſoler d'une ſi noire trahiſon, il prévint le jugement du Sénat, & s'ôta, de déſeſpoir, la vie qu'on lui auroit ſans doute conſervée ; car on fut ſi perſuadé de l'injuſtice de cette accuſation, que malgré tout le crédit d'Agrippine, Priſcus ſut dégradé de ſa charge, & enſuite honteuſement chaſſé du Sénat. Cette punition ne fut pas la ſeule peine de ſa perfidie ; car bientôt après, ayant été lui-même accuſé & convaincu de concuſſion, il fut condamné aux peines établies par les Loix contre ce crime; & on le vit puni, avec d'autant plus de joie, que l'on se souvenoit de la trahison qu'il avoit fait au Proconsul Taurus.

Agrippine sentit vivement ce malheur arrivé à un homme, qui n'avoit été calomniateur que pour lui plaire; mais celui qui arriva à Vitellius son plus cher favori, lui fut beaucoup plus sensible. Il fut accusé par Junius Lupus, d'avoir osé porter sa vue jusques sur le trône, & d'avoir eu le dessein de s'emparer de l'Empire. Claude, que peu de chose épouvantoit, prêta d'abord l'oreille à cette grave accusation; mais l'Impératrice avoit trop de raisons de ne point laisser risquer Vitellius, pour ne pas s'intéresser avec feu pour lui. Elle eut recours aux prières auprès du Prince, & en vint même jusqu'aux menaces, pour l'obliger à être favorable à l'accusé. Elle y réussit. Claude crut tout ce qu'on trouva à propos de lui faire croire. Vitellius fut déclaré innocent : Junius fut envoyé en exil; & ce fut la peine dont on punit cet accusateur. Vitellius n'en ayant pas demandé de plus grande.

Enflée de tant de succès heureux, Agrippine se résolut de pousser sa pointe plus loin. Afin d'attacher ſon fils Domitius à Claude par des liens encore plus forts, elle forma le deſſein de le faire adopter par cet Empereur, quoique celui-ci eût ſon fils Britannicus, Prince de grande eſpérance. Pallas employa ſon crédit pour conclure cette adoption, & il n'eut qu'à parler pour y réuſſir. Domitius fut adopté par Claude : on lui donna le nom de Néron, & le peuple, qui autoriſa cette injuſtice, fit à l'Empereur de grands remercîmens de ce qu'il s'étoit choiſi un ſecours dans les ſoins fatiguans du Gouvernement. On ſe répandit en louanges ſur Néron, & Agrippine fut honorée du titre d'Auguſte.

Claude fit bientôt récompenſer Pallas de la ſottiſe qu'il lui avoit fait faire, & cette Hiſtoire mérite d'être ſçue, parce qu'elle fait voir juſqu'où alloit la ſtupidité de ce Prince, l'inſolence de ſes Affranchis, & la ſervitude du Sénat. On donna un Arrêt contre les femmes qui ſe proſtituoient à des Eſclaves. Claude aſſura que c'étoit Pallas qui lui avoit inſpiré de faire un ſi ſalutaire réglement. Borea Soranus, & tout le Sénat avec lui, furent d'avis que Pallas, pour récompenſe de ſon parfait dévouement au ſervice du Prince & de l'Etat, ſeroit prié d'accepter les ornemens de Préteur; qu'on lui accorderoit le privilége de porter un anneau d'or comme les Chevaliers, & qu'on lui feroit préſent de cent cinquante fois cent grands ſeſterces, qui font environ ſept cents cinquante mille livres. Cet honnête Affranchi, ou plutôt, comme dit Pline, ce dédaigneux Valet accepta les honneurs qu'on lui offroit ; mais il refuſa fort généreuſement la ſomme qu'on vouloit lui donner, & Claude alla, de ſa part, remercier le Sénat de ſes libéralités, & lui dire que Pallas acceptoit, avec reſpect, le privilége qu'on lui accordoit, de porter l'anneau des Chevaliers, & de prendre les ornemens de Préteur ; mais pour l'argent qu'on lui offroit, il n'en vouloit point du tout, ayant réſolu de reſter dans ſon ancienne pauvreté. Elle conſiſtoit à n'avoir que quinze millions.

Cette louable modération lui mérita de nouveaux honneurs. Scipion fut d'avis qu'on le remerciât publiquement, de ce qu'étant deſcendu des Rois d'Arcadie, il oublioit ſa nobleſſe & la grandeur de ſon extraction, pour ſe ſacrifier au ſervice du public, & pour vouloir bien ſouffrir qu'on le mît au nombre des Officiers du Prince ; & Pallas, pour inſtruire la poſtérité de ſon déſintéreſſement, fit mettre dans ſon épitaphe, que le Sénat lui ayant voulu faire don d'une ſomme conſidérable, il s'étoit contenté de l'avoir méritée. Je ne ſai ce qui mérite plus l'indignation du Lecteur, ou l'inſolence de l'Affranchi, ou la honteuſe baſſeſſe du Sénat, réduit à la miſérable & dure néceſſité de donner à un Valet, digne de la corde, pour me ſervir des termes du même Pline, des éloges qui auroient été trop pompeux & trop grands pour un Scipion & pour un Pompée. C'eſt à ces lâches complaiſances, que ſe voient réduits les Magiſtrats qui ſacrifient leur devoir & leur honneur à leur fortune & à leur ambition.

Celle d'Agrippine ne fut pas encore pleinement ſatisfaite, ni par les titres magnifiques dont on l'honora, ni par le haut rang où elle étoit élevée, ni par l'avancement conſidérable de ſon fils, qu'elle avoit déja ſi fort approché du trône. Tout cela ne fut, au contraire, qu'une amorce flatteuſe qui augmenta ſon orgueil. Comme elle ſe faiſoit une Divinité de ſon élévation, elle aimoit d'en donner une haute idée au public. Elle montoit au Capitole ſur un char ſuperbe : privilége juſques-là réſervé pour les Prêtres, & pour les choſes ſacrées. Par-tout, elle s'arogeoit les premiers honneurs. On la voyoit aller aux aſſemblées publiques, aux temples, aux promenades, dans un carroſſe riche & brillant, traverſant les rues avec un fracas bruyant, & paroiſſant partout, dans une magnificence pompeuſe, chargée de pierreries, couverte de ſa robe de drap d'or, dont l'éclat relevoit merveilleuſement celui de ſa beauté : jamais on ne vit une domination plus orgueilleuſe.

Ce ne fut pas dans Rome ſeulement qu'elle affectoit ce faſte, cette puiſſance, & cette autorité ; elle voulut que les peuples & les Rois étrangers euſſent une opinion avantageuſe de ſon pouvoir : elle donna ſon nom à la ville des Ubiens, où elle envoya une colonie ; & elle ſe montra un jour ſur un échafaud, aſſiſe entre les étendarts & les aigles Romaines, où elle reçut les hommages & les ſoumiſſions de Caractacte, Général des troupes de la Grande-Bretagne, qui lui vint faire des remercîmens de ſa liberté, accompagné de ſa femme & de ſes frères. Enfin, pour faire voir que ſon crédit ne conſiſtoit point préciſément dans un faſtueux extérieur, mais dans une puiſſance réelle & ſolide, elle oppoſa ſa ſolicitation à celle des Affranchis de l'Empereur, dans l'affaire des Juifs contre les Samaritains ; & quoique Claude eût rendu un jugement favorable à ceux-ci, Agrippine qui s'intéreſſoit pour le Roi Agrippa, lequel ſoutenoit

noit les intérêts des Juifs, le fit révoquer, & obligea l'Empereur à en rendre un favorable aux Juifs, afin qu'il parût que sa sollicitation étoit victorieuse.

Cet ascendant qu'Agrippine avoit sur l'esprit de Claude, & ce pouvoir absolu dont elle donnoit des marques si éclatantes, remplit si bien tout l'Empire du bruit de son autorité, que tous les peuples s'étudioient, à l'envi, à lui rendre les hommages les plus flatteurs. Tout ce qu'il y avoit de Grands dans Rome & dans les provinces, lui faisoit la cour : on lui envoyoit les présens les plus magnifiques & les plus rares, pour avoir sa protection ; & l'on regarda, comme l'un des plus curieux, celui qu'on lui fit d'un Rossignol tout blanc, qu'on acheta bien chèrement pour l'offrir à l'Impératrice, & d'une Grive qui parloit aussi distinctement qu'un homme, merveille qu'on n'avoit jamais vue.

Claude, qui ne connoissoit point de quoi étoit capable Agrippine, donnoit occasion à toutes ses entreprises, par son insolence & par son aveugle condescendance à toutes les volontés de cette Princesse, sans réfléchir qu'il agissoit contre ses propres intérêts ; & Agrippine avoit tant de confiance en la stupidité de cet Empereur, qu'elle ne s'imaginoit rien dont elle ne se promît le succès. Elle fit prendre à son fils la robe virile avant le temps : elle lui fit donner, par Claude, le privilége de demander le Consulat dans la vingtième année de son âge, & le droit d'exercer hors la Ville, la puissance Proconsulaire. Elle fit faire au nom de ce jeune Prince, un don aux Soldats & au peuple, afin de diminuer par ces largesses artificieuses, l'affection qu'ils portoient à Britannicus, & de les prévenir en faveur de Néron : enfin, elle le fit déclarer Prince de la jeunesse Romaine ; & afin que le faste de l'habit répondît à celui de ses titres, lorsque la cérémonie des jeux du Cirque se fit, l'on fit paroître Néron superbement paré d'une robe triomphale ; & Britannicus, au contraire, simplement vêtu de sa prétexte, distinction injuste, qui fit naître dans le cœur de beaucoup d'Officiers, des sentimens de compassion pour le fils de l'Empereur, laquelle leur fut funeste ; car tous ceux en qui l'on remarqua de l'inclination pour Britannicus, furent dépouillés de leurs emplois, qu'on donna à des gens tous dévoués à Agrippine. Geta & Crispinus furent les premiers en qui on punit le penchant qu'ils avoient pour ce pauvre Prince. On leur ôta la charge qu'ils avoient de Capitaines des Gardes, & ces deux Compagnies furent réunies en une ſeule, qu'on donna à Burrus, homme habile, à la vérité, dans le métier de la guerre; mais qui voyoit bien de qui il recevoit cet emploi, & à quelle reconnoiſſance un tel préſent l'engageoit.

C'eſt ainſi qu'Agrippine ſaiſiſſoit adroitement toutes les occaſions où elle pouvoit faire paroître ſon fils, afin de le rendre agréable aux Légions & au peuple; mais rien ne lui fut ſi favorable, que la ſtérilité qui cauſa, dans ce temps là, une famine dans Rome. Agrippine, pour faire croire le mal beaucoup plus grand qu'il n'étoit effectivement, fit exciter, par ſes Emiſſaires, une eſpèce de ſédition, afin d'intimider l'Empereur, qui étant pour lors malade, ne pouvoit pas pourvoir à ce beſoin preſſant. Le peuple cria, il demanda du bled, il s'attroupa; & le bruit de cette émeute vint juſqu'aux oreilles du Prince. Claude, effrayé par les cris tumultueux qu'il entendit, & qu'on eut ſoin de lui débiter, comme une ſédition très-dangereuſe, déclara, par un Edit qu'Agrippine dicta, qu'on n'avoit qu'à s'adreſſer à Néron, qui étoit aſſez capable de gouverner, & que ſa maladie ne lui permettant point de pourvoir aux besoins du public, il s'étoit déchargé de ce soin sur le fils d'Agrippine.

Celui-ci ne manqua point de profiter des leçons que sa mère lui donna. Il fit distribuer au peuple une grande quantité de bled, qu'il ne lui coûta pas fort de trouver; & s'en alla ensuite au Capitole, accompagné des Sénateurs, pour faire des vœux pour la guérison de l'Empereur, ce qui étoit certainement la chose du monde qu'il souhaitoit le moins. Narcisse connoissoit mieux que personne, que c'étoit une grimace d'Agrippine. Il avoit étudié à fond cette Princesse, il savoit où aboutissoient ses profonds desseins, & il en avoit plus d'une fois développé la trame à l'Empereur; parce qu'étant son Secrétaire, il avoit très-souvent occasion de lui parler en particulier de toutes ces choses. Aussi Agrippine haïssoit mortellement cet Affranchi, qu'elle trouvoit éternellement sur son chemin, & toujours inflexible; mais n'osant pas l'attaquer ouvertement, parce qu'elle craignoit de succomber sous cette entreprise, à cause du pouvoir que Narcisse avoit sur l'esprit de l'Empereur, comme il avoit paru dans la mort de Messaline, elle chercha sourdement les moyens de ménager sa ruine; & afin d'y réussir d'autant plus ſûrement, qu'on ne ſe méſieroit pas d'elle, elle ſe contenta de le décrier adroitement, & en ſecret, auprès de l'Empereur, & de jetter ſous main les fondemens de ſa perte, en le rendant odieux à Claude; &, pour cet effet, elle mettoit à profit toutes les occaſions qui pouvoient lui fournir un ſujet plauſible de rendre ſes démarches ſuſpectes, & de le mettre mal dans l'eſprit du Prince.

Ce fut de tout ſon cœur qu'elle embraſſa celle que lui offrit le combat qu'on fit repréſenter ſur le lac Fucin. Claude fit exprès armer cent galères pour cette repréſentation. Les bords du lac, les côteaux d'alentour, & les montagnes voiſines, étoient occupées par une infinité de monde, qui étoit venu de Rome, & de toutes les villes voiſines, pour aſſiſter à ces jeux. L'Empereur, revêtu de ſa cotte d'armes, étoit ſur un trône qu'on avoit dreſſé ſur un lieu éminent; & Agrippine, fort magnifiquement parée, étoit ſur un autre trône, à côté de Claude. Ce combat ſe fit ſans trouble; mais il n'en fut pas de même de celui que l'Empereur voulut, d'abord après, faire repréſenter par des gens de pied. On avoit, pour cela, fait jetter des ponts ſur le lac, & Claude avoit fait préparer un magnifique repas pour régaler toute ſa Cour, dans un lieu qu'on avoit accommodé exprès à l'embouchure du lac, & ſur l'endroit même par où les eaux devoient s'écouler; mais les divertiſſemens auxquels on s'attendoit, furent changés en allarmes. Car la digue ayant été ouverte pour faire paſſer les eaux du lac dans un canal qu'on avoit fait creuſer, les eaux ſortirent avec tant d'impétuoſité, qu'elles entraînèrent tout ce qu'elles trouvèrent, de manière qu'il y eut beaucoup de perſonnes noyées. Alors, la frayeur ſaiſit ſi fort tout le monde, que ceux qui étoient les plus proches des eaux, voulant ſe ſauver du danger, ſe jettoient ſur leurs voiſins, leſquels ſe renverſant en même temps ſur les autres, avec des cris pitoyables, qu'ils mêloient au bruit effrayant des eaux, portèrent l'épouvante juſques dans le cœur des plus éloignés. Jamais il n'y eut un trouble ſi grand.

Claude, qui étoit naturellement timide, fut un des plus épouvanté, & Agrippine le voyant dans cette violente ſituation, profita de cette occaſion pour l'irriter contre Narciſſe, ſur lequel elle rejetta la cauſe de ce déſordre, parce que c'étoit lui qui avoit eu l'Intendance de cet ouvrage. Elle lui dit, qu'il ne falloit accuſer de ce malheur que Narciſſe ſeul, qui par une avarice ſordide, avoit mis dans ſes coffres l'argent qu'on lui avoit donné pour faire faire la repréſentation de ces jeux; que cet Affranchi, ſous un air de fidélité & d'attachement aux intérêts du Prince, ne faiſoit que piller; que les Provinces ſe plaignoient de ſes vexations, & que ſes richeſſes, qui étoient immenſes, n'étoient point encore capables de ſatisfaire ſon avidité inſatiable.

Narciſſe ſe défendit avec beaucoup de fermeté. Il accuſa Agrippine d'avoir un orgueil inſupportable, & une ambition démeſurée. Il fit voir à l'Empereur, que ſi elle le haïſſoit, ce n'étoit pas parce qu'il étoit riche; mais parce qu'il ne vouloit pas ſe prêter à ſes mauvais deſſeins, & qu'elle le trouvoit trop fidèle à ſon Maître. Narciſſe avoit, ſans doute, raiſon; & il étoit très-perſuadé, que c'étoit-là le ſujet qui le faiſoit haïr d'Agrippine. Il ne fit pas même façon de s'expliquer ouvertement là-deſſus, un jour que ſe trouvant avec ſes plus familiers amis, & leur diſant nettement ſa penſée, il leur proteſta qu'il étoit très-perſuadé, que ſoit que Britannicus fût Empereur après Claude, ou que ce fût Néron, ni l'un ni l'autre ne le laiſſeroit pas long-temps en vie: Britannicus, parce qu'il voudroit venger la mort de sa mère, & Néron parce qu'il ne le refuseroit pas à la colère d'Agrippine; mais que, quoi qu'il pût arriver, il croyoit que les obligations qu'il avoit à l'Empereur ne lui permettoient point de trahir ses intérêts; que c'étoit la raison qui l'avoit engagé à faire mourir Messaline, qui déshonoroit le Prince par ses impudicités, & qui l'obligeoit à avertir Claude des mauvais desseins d'Agrippine, laquelle ne menoit pas d'ailleurs une vie fort chaste. Il ajouta qu'il auroit été moins dangereux, pour l'Emreur, d'avoir laissé vivre Messaline, parce que, uniquement occupée de ses débauches, elle n'avoit jamais formé de dessein contre la vie de son époux; au lieu qu'Agrippine ayant déja renversé toute la Maison Impériale, ne buttoit pas à moins qu'à élever sa postérité sur le trône.

Claude, au reste, avoit fait déja ces réflexions. Il avoit été informé qu'Agrippine ne se conduisoit pas avec trop de sagesse; on lui avoit appris une partie de ses galanteries, & des projets ambitieux qu'elle avoit formé. Un jour même qu'il s'étoit inondé de vin, il dit inconsidérément, qu'il souffroit pendant un temps, les méchancetés de ses femmes; mais qu'il les savoit ensuite punir. Ces paroles furent rapportées

portées à Agrippine, laquelle appréhendant qu'il ne lui arrivât ce qui étoit arrivé à Meſſaline, ſe réſolut de ſe défaire de Claude. Mais avant que de frapper ce grand coup, elle voulut ſacrifier à ſa vengeance, Domitia Lepida, tante de Néron, qu'elle fit accuſer de magie, d'avoir voulu faire mourir la femme de l'Empereur par des enchantemens, & d'avoir porté à la révolte ſes eſclaves dans la Calabre, pour faire éclater les mauvais deſſeins qu'elle nourriſſoit contre l'Etat.

Narciſſe prit hautement le parti de Domitia, & la juſtifia de tous ces crimes imaginaires. Cependant l'autorité d'Agrippine fut plus forte que les ſollicitations de Narciſſe ; & Domitia fut condamnée à perdre la vie. L'on ſut bientôt l'intérêt que l'Impératrice prenoit à la perte de cette Romaine. Et l'on apprit que Domitia, qui avoit de grands biens, faiſoit de temps en temps des libéralités à Néron, qui, attiré par ces largeſſes, marquoit une grande tendreſſe pour ſa tante, dans le temps que, traité rudement par ſa mère, il s'en éloignoit ; ce qui avoit mis Agrippine de mauvaiſe humeur contre Domitia, de laquelle elle étoit d'ailleurs jalouſe, parce que

Domitia étoit auſſi belle, d'auſſi grande naiſſance, & auſſi impudique qu'elle.

L'Empereur reconnut, cependant, que Domitia avoit été condamnée injuſtement, & qu'elle n'avoit péri que par les artifices d'Agrippine. Il examina ſérieuſement la conduite de ſa femme; il rappela dans ſon eſprit tout ce que Narciſſe lui en avoit dit; il en fit la matière de ſes réflexions, & elles lui donnèrent tant d'inquiétude, qu'il voulut aller à Sinueſſe pour la diſſiper. Mais il trouva la fin de ſa vie, où il croyoit trouver un ſoulagement à ſes ſoucis. Agrippine prit ce temps pour l'empoiſonner, parce qu'elle ne pouvoit pas avoir à Sinueſſe autant de témoins de ſon crime, qu'elle en auroit eu à Rome. Elle ſe ſervit de la fameuſe Locuſta, à laquelle elle ordonna de compoſer un poiſon fort actif. On le mit dans un ragoût de champignons, que Claude aimoit beaucoup; mais parce qu'il agiſſoit lentement, & qu'un vomiſſement étant ſurvenu à ce Prince, on craignit qu'il ne fît aucun effet. Xenophon, Médecin ſans honneur, tout dévoué aux volontés d'Agrippine, feignant d'aider Claude à vomir, fit gliſſer adroitement, dans la bouche de l'Empereur, une plume trempée dans un poiſon ſi ſubtil, que quelques momens après, il rendit l'ame.

Agrippine, néanmoins, tint cette mort cachée, afin d'avoir le temps de diſpoſer toutes choſes en faveur de ſon fils. Elle fit appeller le Sénat & les Conſuls, pour leur faire faire des vœux pour la ſanté du Prince, elle le couvrit de vêtemens, comme pour le tenir chaud ; & pouſſant encore plus loin l'artifice, elle fit venir des Comédiens, comme ſi Claude les avoit lui même demandé pour le divertir. Et afin que perſonne ne pût apprendre à Britannicus & à Octavie la mort de leur père, elle les retint dans une chambre, où elle les accabloit de careſſes feintes, en leur témoignant une tendreſſe de mère.

Cependant, le bruit fut bientôt répandu dans la ville de Rome, que Claude étoit mort. Néron, accompagné de Burrhus, ſe montra aux ſoldats ; il leur promit de grandes récompenſes, & ceux-ci n'entendant nullement parler de Britannicus, proclamèrent Empereur le fils d'Agrippine. Cette élection précipitée, fut d'abord confirmée par un Arrêt du Sénat, qui en rendit bientôt un autre, par lequel Claude fut mis au nombre des Dieux ; & Néron, qui ſavoit que c'étoit avec des champignons qu'on avoit fait mourir ce pauvre Prince, appella déſormais les champignons, la viande des Dieux.

Agrippine voyant alors ſes ſouhaits accomplis, ne ſongea plus qu'à ſatisfaire ſes vengeances. Elle ſe déchaîna comme une furie, contre tous ceux qui avoient traverſé ſes deſſeins, ou dont elle croyoit avoir quelque choſe à craindre. Junius Silanus fut la première victime qu'elle ſacrifia à ſa haine. Ce Prince, que Caligula appeloit la brebis d'or, à cauſe de ſa bonté, & de la douceur de ſon naturel, étoit arrière petit-fils d'Auguſte, & on lui avoit donné l'Aſie à gouverner, avec le titre de Proconſul. Il étoit redoutable à Agrippine, par la grandeur de ſa naiſſance, & par l'amour qu'avoit pour lui le peuple Romain, qui diſoit ouvertement, qu'il falloit l'élever à l'Empire, qu'il le méritoit, & qu'il étoit capable de le gouverner; & non pas Néron, jeune homme ſans expérience, entre les mains duquel on avoit fait tomber le Gouvernement par mille crimes. Une autre raiſon avoit engagé Agrippine à perdre Silanus. C'étoit la crainte qu'elle avoit que ce Proconſul ne vengeât la mort de ſon frère L. Silanus, qu'elle avoit fait périr. Ce furent les crimes du Proconſul; Agrippine le fit empoiſonner, & par cette mort, elle fut délivrée de toutes ſes craintes.

Narciſſe fut le ſecond proſcrit. Agrippine avoit contre lui une haine mortelle, parce qu'elle avoit toujours trouvé en lui une fidélité que ſes promeſſes ni ſes menaces n'avoient pu corrompre : vertu très-rare dans un temps où la perfidie & la trahiſon trouvoient des récompenſes. Auſſi, dès que Claude fut mort, Narciſſe fut arrêté, & mis dans une étroite priſon, où on le laiſſa languir dans une misère affreuſe, qui le porta à s'ôter lui-même la vie, quoique Néron eût ſouhaité qu'on la lui eût conſervée. Exemple mémorable & inſtructif des outrages mortifians de la fortune, qui ne nous rit pendant quelque temps, que pour nous humilier enſuite plus cruellement : ou plutôt, belle & terrible leçon pour ces ſangſues impitoyables, qui dévorent les peuples, & en tirent toute la ſubſtance par leurs extorſions, & que Dieu permet, que par un juſte revers, ils retombent dans leur première indigence. Narciſſe, au reſte, ne méritoit pas une fin plus heureuſe, & il étoit juſte, qu'on vît mourir dans la misère & dans une pauvreté affreuſe, celui qui avoit acquis des richeſſes prodigieuſes, en volant tout l'univers ; & qui par ses rapines & ses concussions, avoit amassé plus de bien que n'en avoit eu Crassus, ni les Rois de la Perse.

Agrippine avoit promis à son ressentiment, beaucoup d'autres victimes ; mais Burrhus & Sénèque, qui n'approuvoient pas toujours sa conduite, s'opposèrent à ses violens desseins. Ils étoient Gouverneurs de Néron, auprès duquel ils avoient une autorité égale ; & quoique leurs mœurs & leurs caractères fussent différens, Burrhus étant plus sévère, & Sénèque plus doux, ils étoient pourtant fort unis, & agissoient de concert pour porter le Prince à la vertu, & pour donner un frein à l'ambition d'Agrippine. Cette Princesse avoit pour Ministre, Pallas, à qui elle se livroit pour toute sorte d'affaires, & celui-ci, qui avoit abusé du pouvoir absolu qu'il avoit eu sous l'Empereur Claude, vouloit encore gouverner sous Néron. Mais ce Prince n'étoit pas d'humeur à se laisser régenter par cet Affranchi, qui s'étoit rendu insupportable par une sévérité arrogante, qui n'étoit pas de son goût ; d'ailleurs, Burrhus & Sénèque ne vouloient point que Néron se gouvernât par d'autres lumières que les leurs ; ils regardoient les leçons que les autres lui donnoient, comme un attentat ſur leurs droits, & c'eſt pour cela qu'ils ruinèrent Pallas dans l'eſprit du Prince, & qu'ils réſolurent d'abaiſſer l'orgueil d'Agrippine, qui, ſous le nom de ſon fils, gouvernoit l'Empire, & de la mortifier dans toute ſorte d'occaſions.

La première qui ſe préſenta, fut l'audience que Néron donna aux Ambaſſadeurs d'Arménie. Ces députés étoient à Rome pour quelque affaire de leur Nation ; & l'Empereur leur avoit marqué un jour pour leur donner audience. Ce jour étant arrivé, Néron monta ſur un trône pour les ouir. Agrippine, qui, regardant l'élévation de ſon fils comme ſon ouvrage, prétendoit dominer par-tout, fit mine de vouloir aller s'aſſeoir avec l'Empereur ſur le trône. C'auroit été, ſans doute, une choſe honteuſe & inouie, qu'une femme eût préſidé à une action de ſi grand éclat ; & ces Ambaſſadeurs, qui étoient tous remplis & avantageuſement prévenus de la majeſté & de la grandeur de l'Empire Romain, témoins de la lâche ſervitude de ce peuple, & de ſon aveugle dépendance aux volontés d'une femme, dont l'ambition déréglée vouloit donner la loi à toute la terre, ne pouvoient que rabattre beaucoup de leur favorable prévention, & concevoir des Romains, une idée bien différente de celle dont ils étoient pleins. Néron même, qui, peut-être, fit ces sages réflexions, quelque respect qu'il eût en ce temps-là pour sa mère, témoigna ne point approuver cette nouveauté. Cependant, Agrippine avançoit, & personne ne disoit mot; mais Sénèque, voyant la flétrissure qu'alloit faire à l'Empire Romain, l'orgueil de l'Impératrice, conseilla à Néron de descendre du trône, comme pour aller recevoir sa mère, & pour lui faire honneur; Néron le fit : il y eut beaucoup de complimens & de civilités, & on trouva un prétexte pour renvoyer l'audience à un autre jour.

Burrhus & Sénèque, après cette entreprise d'Agrippine, ne doutèrent plus qu'elle ne voulût gouverner l'Empire, & avoir la conduite des affaires. Ils se liguèrent encore plus fortement contre elle, & songèrent à prendre des mesures pour arrêter son ambition. Mais ils n'en prirent pas d'assez justes, ni d'assez prudentes. Ils tolérèrent la passion que Néron conçut pour une Actée qui avoit été esclave, afin d'opposer la faveur de cette Affranchie, à l'orgueilleuse domination de l'Impératrice; &, par cette lâche complaisance, ils causèrent un grand désordre; car, Néron s'étant mis en tête d'épouser cette Actée,

de

de laquelle il étoit devenu extrêmement amoureux, pensa à renverser toute sorte de loix.

Agrippine connut bientôt que la faveur d'Actée affoiblissoit son crédit, & ne pouvant souffrir de le voir balancé par une misérable concubine, elle s'emporta jusqu'aux reproches les plus piquans contre son fils. Ils ne firent pourtant pas l'effet qu'elle s'étoit imaginé; car, au lieu d'éloigner le Prince de l'objet de son amour, ils l'enflammèrent, au contraire, davantage; & parce qu'Agrippine devenoit plus jalouse, à mesure qu'Actée devenoit plus puissante, cette Impératrice se laissa aller à de si grands emportemens contre son fils, que Néron, lassé enfin de ses importunes réprimandes, perdit le respect qu'il avoit pour elle; & afin de la rendre odieuse au peuple, il feignit de vouloir quitter l'Empire, pour se retirer à Rhodes, où il seroit, disoit-il, à l'abri de la censure & des crieries de sa mère. Cette division entre Néron & Agrippine apprêta plus d'une fois à rire à tout Rome; car dans leur feu & leurs emportemens ils se disoient souvent des vérités, dont le public n'étoit pas long-temps à être instruit.

Néron fit cependant réflexion que beaucoup de

raiſons l'obligeoient à ménager ſa mère. Il fit ſemblant de ne plus ſonger à Actée ; &, s'il avoit des préſens à lui faire, il ſe ſervoit de ſon favori Serenus, pour les lui envoyer. Agrippine qui avoit continuellement les yeux ouverts ſur la conduite de ſon fils, prit cette ruſe de Néron, ou pour un repentir de ſa faute, ou pour un effet de ſon dégoût, & afin de le guérir entiérement de ſa paſſion pour Actée, elle n'oublia ni les careſſes les plus tendres, ni les complaiſances les plus honteuſes. Bien davantage. Cette Princeſſe, oubliant, dans cette occaſion, ſon orgueil & ſa fierté ordinaire, fut la première à blâmer ſa conduite paſſée : elle condamna ſes emportemens : & pour faire voir à ſon fils qu'elle ſouhaitoit de vivre déſormais avec lui dans une parfaite intelligence, elle s'offrit elle-même de le ſervir dans ſes plaiſirs & dans ſes intrigues. Mais l'Empereur qui ne ſe fioit pas trop à ſa mère, étoit toujours en garde contre ſes belles promeſſes, dans leſquelles il ne doutoit nullement qu'il n'y eût beaucoup d'artifice ; de manière que, quelques efforts qu'il fît pour ſe contraindre, il lui fut impoſſible de ne pas laiſſer échapper quelque marque de défiance ; & Agrippine, qui avoit de la pénétration, s'en étant apperçue, ne put s'empêcher de s'en plaindre. Cela réveilla leurs premières querelles, & leur mésintelligence devint plus grande que jamais.

Agrippine fut la première à la faire éclater. Néron lui ayant un jour envoyé ce qu'il avoit trouvé de plus riche & de plus précieux entre tous les meubles du Palais & les habits, les bijoux & les pierreries des Impératrices précédentes, elle regarda cette libéralité comme un présent qui lui étoit injurieux, & répondit avec un certain air de hauteur & de mépris, qu'elle ne se paroît pas de cela ; que son fils ne lui faisoit point un don en lui envoyant ces parures ; qu'il ne faisoit tout au plus que lui rendre une partie de ce qu'il avoit reçu d'elle, & qu'il partageoit avec elle, après qu'elle lui avoit tout donné. Ces paroles furent recueillies par des gens qui les rapportèrent à Néron, & même d'une manière plus piquante qu'elle ne les avoit dites. Néron s'en tint vivement offensé ; & pour s'en venger, sans pourtant s'en prendre à sa mère, il ôta à Pallas l'Intendance des Finances.

La disgrace de cet Affranchi, avec lequel Agrippine avoit les liaisons les plus intimes & les plus infâmes, poussa à bout la colère de cette Impératrice. Elle ne garda plus ni mesures, ni ménagemens. Elle remplit Rome de ses plaintes & de ses emportemens. Elle les fit éclater jusques dans le Palais même, où elle alla menacer Néron de faire déclarer Empereur le Prince Britannicus ; de le mener dans les armées pour montrer aux légions le légitime successeur de Claude ; de découvrir à tout l'Empire les criminelles routes qu'on avoit tenues pour élever sur le trône un fils adoptif de son mari, au préjudice du véritable héritier, assurée, disoit-elle, que les troupes écouteroit plutôt la fille de Germanicus, que Burrhus, cet homme de néant, & Sénèque, cette langue vénale, cet infâme banni, lesquels vouloient usurper le Gouvernement. Après ces menaces, elle vomit contre son fils toutes les injures que sa fureur lui dicta ; elle se prit à invoquer le divin Claude, & les mânes de Silanus ; & se laissant enfin aller entiérement à sa rage, elle porta ses mains sur son fils, & peu s'en fallut qu'elle ne le maltraitât.

Néron ne se trouva jamais dans de si cruelles perplexités. Il fut épouvanté par les menaces foudroyantes de sa mère, qu'il connoissoit pour une femme capable de porter les choses aux dernières extrêmités. Il fit attention à tout ce qu'elle lui avoit dit de Britannicus, qui étoit déja d'un âge à pouvoir se rendre redoutable, & à connoître les droits qu'il avoit à l'Empire, qu'on lui avoit, pour ainsi dire, volé. Et en effet, ce jeune Prince le donna assez à connoître, un jour qu'il se trouva dans une partie de divertissement, où on faisoit un Roi, qui avoit droit de commander à tous ceux de la compagnie, ce qu'il trouvoit à propos; car Néron, que le sort avoit fait Roi, lui ayant ordonné de chanter une chanson, dans le dessein de le tourner en ridicule; Britannicus obéissant dans le moment, en chanta, fort à propos, une dans laquelle il disoit, qu'on l'avoit, par trahison, fait tomber du trône de son père. Cette chanson, qui sembloit faite exprès, attendrit tous ceux de cette partie; & elle déconcerta si fort Néron, que ne doutant plus que Britannicus ne fût capable de faire les plus sérieuses réflexions, il se résolut de se défaire de ce dangereux concurrent.

Un autre sujet aussi foible qu'injuste, avoit rendu Néron ridiculement jaloux de Britannicus. C'est que ce jeune Prince chantoit fort bien; & Néron, qui vouloit passer pour le plus habile chanteur du monde, ne pouvoit souffrir que Britannicus eût la voix si belle : ainſi ce pauvre Prince lui étant devenu ſuſpect & odieux, il le fit empoiſonner.

On n'a jamais cru qu'Agrippine ait eu part à ce crime. L'étonnement dont elle fut frappée, & la crainte qui la ſaiſit lorſqu'elle vit Britannicus mourir ſubitement, l'ont toujours juſtifiée : & certes, ſon appréhenſion n'étoit point ſans fondement. En perdant Britannicus, elle perdoit ſa dernière reſſource, le ſeul appui qui pouvoit ſoutenir ſa puiſſance déja fort ébranlée, & l'unique abri qu'elle pouvoit trouver dans ſa diſgrace.

Deſtituée de ſecours, elle ſe prit à careſſer ſes amis, & à tenir avec eux des conſeils ſecrets. Elle fit mille avances d'honnêteté aux Capitaines, aux Centurions, & à tous ceux qui avoient quelque autorité, comme ſi elle avoit réſolu de ſe faire un parti, & de ſe rendre redoutable à Néron ; mais ce Prince qui ne gardoit preſque plus de ménagemens avec elle, & qui s'étoit affranchi des devoirs les plus légitimes, pénétra ſes deſſeins ; & pour les rendre inutiles, il congédia les Gardes qu'elle avoit eu juſqu'alors, comme mère & comme femme d'Empereur ; il la fit loger dans la maiſon d'Antonie, où il ne la viſita que très-rarement, & toujours bien accompagné ; & portant encore ſa cruauté plus loin, il l'obligea à ſortir de Rome, & lui donna, hors de la ville, quelque méchante maiſon, où il envoyoit même des gens qui l'inſultoient brutalement, & qui lui diſoient les injures les plus outrageuſes.

Dès ce moment la ſcène changea pour Agrippine ; toute ſa grandeur s'évanouit, ſon crédit & ſon autorité la quittèrent. Cette idole, devant laquelle tout fléchiſſoit, ne reçut plus ni hommage, ni encens ; il ne lui reſta pas la moindre marque de ſa dignité, ni la plus petite ombre de cette puiſſance extraordinaire, qu'elle avoit exercée avec tant de fierté ; & cette Impératrice, à laquelle tout le monde s'empreſſoit de rendre les reſpects les plus flatteurs, ſe trouva dans un abandonnement ſi grand, que de cette foule de Courtiſans, qui, peu auparavant, alloient, pour ainſi dire, adorer ſa fortune, elle ne vit plus venir chez elle que quelques femmes, qui la viſitoient, moins, peut-être, par amitié & pour la conſoler dans ſa diſgrace, que dans le deſſein d'entendre ſes plaintes, d'obſerver avec malignité juſqu'aux moindres de ſes grimaces, & de tenir regiſtre de ſes paroles, pour ainſi parler, afin d'en faire enſuite le rapport à Néron.

Popée ne resta point dans l'inaction ; mais profitant adroitement de la situation favorable où l'Empereur se trouvoit à son égard, elle ne cessa jamais de l'irriter contre sa mère, en lui disant éternellement qu'elle ne pouvoit souffrir d'autre domination que la sienne ; que toute puissance qui étoit supérieure à son autorité, la choquoit, & qu'il devoit tout craindre d'une ambition démesurée, qui ne ménageroit rien pour se délivrer de tout ce qui oseroit entrer en balance avec elle : & Néron, assez indisposé contre sa mère, ajoutant foi à tout ce qu'on voulut lui faire croire, résolut de faire mourir celle qui lui avoit donné & la vie & l'Empire, & de se délivrer d'un objet qu'il ne regardoit plus que comme l'ennemi déclaré de ses plaisirs, & le plus puissant obstacle à sa félicité.

L'on dit que Sénèque ne le détourna point de cet horrible dessein ; quoique cela soit difficile à croire. L'on assure même que ce Philosophe voyant ses leçons sans fruit, & la malignité des inclinations de Néron plus forte que l'éducation, il le porta à consommer le parricide dont son cœur étoit déja coupable, afin qu'un crime si exécrable lui attirât la haine des Dieux & des hommes. Quoi qu'il en soit,

Néron

Néron ayant fortifié ſon eſprit, contre tout ce qui pouvoit lui arriver, ne ſongea qu'aux moyens de faire mourir ſa mère. D'abord, il eut recours à l'invention d'un plancher, fait avec tant d'artifice, que la nuit il devoit tomber ſur elle, & l'écraſer ; mais ce deſſein ayant été découvert, Anicet, ſon Affranchi, qui avoit été ſon Gouverneur dans ſon enfance, homme fécond en artifices, offrit au Prince de faire périr l'Impératrice, ſans que perſonne pût être raiſonnablement ſoupçonné de ſa mort. Il étoit alors Commandant des Galères qui étoient dans le port de Miſene. Il haïſſoit mortellement Agrippine, & en étoit mortellement haï ; & Néron ne crut point pouvoir trouver d'homme plus propre à ſes perfides deſſeins, que cet infâme Officier, qui étoit capable des plus noires trahiſons. En effet, il ſe chargea de faire faire une Galère dont le haut fondroit ſubitement de lui-même, dans le moment que le fond s'ouvriroit ; de manière qu'Agrippine ſeroit infailliblement, ou écraſée, ou noyée, ſans qu'on pût attribuer ce malheur, qu'à un de ces accidens funeſtes & imprévus, qui ſont aſſez ordinaires ſur mer ; ce que l'Empereur feroit encore mieux croire, en faiſant d'abord dreſſer des Temples à la mémoire de ſa mère, qui ſeroient comme autant de témoignages de ſa douleur, de ſon reſpect & de ſa tendreſſe, qui éloigneroient de lui juſqu'aux moindres ſoupçons.

Néron approuva l'expédient d'Anicet ; pour le mettre en œuvre, avec moins de danger, on réſolut que ce ſeroit dans la Campanie, où on devoit bientôt célébrer à Bayes, la fête de Minerve. Cette réjouiſſance ſervit de prétexte à Néron, pour quitter Rome, & il engagea ſa mère à être de la partie. Il s'étoit déja réconcilié avec elle, en faiſant ſemblant d'être fâché d'avoir manqué de complaiſance à ſon égard, en blâmant ſa conduite paſſée, & en lui proteſtant d'avoir pour elle à l'avenir, tout le reſpect qu'il lui devoit ; étant très-juſte, ajouta-t-il, que les enfans ſupportent la mauvaiſe humeur de ceux de qui ils tiennent la vie. C'eſt ainſi que ce Prince dénaturé, ſous le voile ſpécieux de la tendreſſe filiale, couvroit la plus horrible perfidie dont un homme puiſſe être capable, perſuadé que ſa mère ſe laiſſeroit ſurprendre, d'autant plus facilement, à cette artificieuſe réconciliation, que les femmes ſont portées à croire aiſément ce qu'elles ſouhaitent avec ardeur.

La trahiſon ainſi concertée, & toutes les meſures priſes, Néron partit de Rome avec ſa mère, dans la Galère qu'Anicet avoit préparée, & qu'on avoit eu ſoin de parer fort magnifiquement. Ils arrivèrent à Antium, où l'Empereur laiſſa Agrippine, d'où il pouſſa juſqu'à Bayes. Après y avoir paſſé quelques jours, il écrivit à ſa mère une lettre pleine de témoignages de tendreſſe, & la prioit d'y venir paſſer la fête avec lui. Elle partit d'Antium, & aborda à Baules, maiſon de plaiſance, qui étoit entre Miſene & Bayes ſur le bord de la mer. Néron s'y trouva pour la recevoir, la conduiſit au Château, pour la faire repoſer, & s'en retourna à Bayes.

Quelque précaution que l'on eût pris, pour tenir ſecrète cette entrepriſe, Agrippine en fut pourtant avertie; on lui donna avis de ce qui ſe tramoit contre elle, & elle ne ſut qu'en croire. Dans cette incertitude, elle ne voulut pas reprendre la mer; mais elle ſe fit porter en chaiſe à Bayes. Elle y fut reçue par ſon fils, avec des démonſtrations apparentes de la plus ſincère & la plus tendre affection, & toujours traitée fort magnifiquement. L'Empereur même, pour lui lever toute ſorte d'ombrage, lui fit confidence de quelques affaires ſérieuſes; il lui accorda pluſieurs graces, ſans qu'elle les demandât, il lui donna tous les divertiſſemens qu'il put imaginer, & la fit toujours aſſeoir au-deſſus de lui, déférence qui plaiſoit beaucoup à Agrippine.

Cette ſaillie d'humeur bienfaiſante de Néron, trompa l'Impératrice. Elle prit, pour une véritable tendreſſe, ces dehors politiques d'amour & de reſpect.

Enfin, Anicet arriva, accompagné de ſoldats; &, à la vue de cette troupe, tout le monde prit l'épouvante. Anicet fit environner la maiſon par ſes gens, & après avoir enfoncé la porte, & s'être ſaiſi de tous les Domeſtiques qu'il put trouver, il pénétra juſqu'à la chambre où Agrippine s'étoit retirée. La chambre étoit fort peu éclairée, & l'Impératrice n'avoit avec elle qu'une de ſes femmes, laquelle entendant le fracas que faiſoient les ſoldats, fut ſaiſie de frayeur & prit la fuite, comme le reſte des Domeſtiques; & alors l'infortunée Agrippine, ſe voyant abandonnée de tout le monde: eh quoi! cria-t-elle à la ſervante, tu me quittes auſſi?

Anicet ſe montra le premier, accompagné de deux Officiers de Marine ; & dès qu'Agrippine l'eut apperçu, elle lui dit, avec beaucoup de réſolution, que s'il venoit pour la voir, elle le prioit d'aller dire à Néron qu'elle ſe trouvoit mieux ; mais que s'il venoit pour attenter à ſa vie, elle ne pouvoit pas croire que ſon fils y eût part ; & qu'il fût capable de commander des parricides. Ces paroles ne purent point attendrir leur cœur ; car, tandis qu'elle parloit, les aſſaſſins environnèrent ſon lit, & un des Officiers qui étoient avec Anicet, & qui n'étoit pas moins brutal, lui déchargea un grand coup de bâton ſur la tête. Un Centenier tira d'abord ſon épée pour la tuer : alors Agrippine, qui connut que ſon fils même étoit l'auteur de ſa mort, préſentant ſon corps aux meurtriers, elle leur dit, que c'étoit ſon ventre qu'il falloit frapper, parce qu'il avoit porté Néron ; & à l'inſtant elle fut percée de pluſieurs coups.

La malice de Néron ne fut point encore conſommée ; après avoir fait ôter la vie à ſa mère, il lui fit une inſulte, plus horrible encore que ſon parricide. Car, il y en a qui diſent, que dès qu'il ſut qu'on l'avoit tuée, il eut l'abominable curioſité de voir ſon corps tout nud, le mania, en dit brutalement les perfections & les défauts ; & regardant ensuite, d'un œil content & ſatisfait, ceux qui l'accompagnoient, il ſe prit à dire, en plaiſantant, qu'il n'auroit jamais cru avoir une mère ſi belle. Il y en a d'autres qui le nient ; mais on n'a pas beaucoup de peine à croire cette brutalité de Néron, quand on lit qu'il eut celle d'entretenir pendant long-temps une concubine, parce quelle reſſembloit à ſa mère.

Ce déteſtable Empereur ne jouit pas en repos du fruit de ſon exécrable attentat ; & quoique la puiſſance ſouveraine dont il étoit revêtu, & dont il abuſoit, lui ſervît de rempart contre la juſtice des hommes, elle ne put point pourtant le garantir de la juſtice de Dieu, contre laquelle l'on ne peut point trouver d'abri. Il fut livré aux remords dévorans de ſon parricide ; il en avoit éternellement l'image devant les yeux ; on l'entendoit crier que l'ombre d'Agrippine le pourſuivoit par-tout ; il lui ſembloit voir à ſes côtés, des furies prêtes à l'immoler aux mânes de ſa mère ; il ſe cachoit ; il cherchoit les lieux les plus obſcurs & les plus ſombres,

& à peine y étoit-il, qu'il en vouloit ſortir : les endroits qui devoient lui inſpirer plus de ſécurité, jettant dans ſon eſprit, l'effroi, l'épouvante, le déſeſpoir, juſtes fruits de ſon crime.

FIN.

www.ingramcontent.com/pod-product-compliance
Ingram Content Group UK Ltd.
Pitfield, Milton Keynes, MK11 3LW, UK
UKHW020434180726
13839UKWH00003B/1499

9 782329 554303